Edvard Grieg
(1843–1907)

Lyric Pieces
Pièces lyriques
Lyrische Stücke

for piano • pour piano • für Klavier

Urtext

K 106

INDEX

1. **Arietta** (Op. 12, No. 1.) 5

2. **Valse** (Op. 12, No. 2.) 6

3. **Vektersang** (Op. 12, No. 3.) 8
   Watchman's Song – Wächterlied – Chant du gardien

4. **Alfedans** (Op. 12, No. 4.) 10
   Fairy Dance – Elfentanz – Danse des sylphes

5. **Folkevise** (Op. 12, No. 5.) 12
   Folksong – Volksweise – Mélodie populaire

6. **Norsk** (Op. 12, No. 6.) 14
   Norwegian – Norwegisch – Mélodie norwégienne

7. **Stambogsblad** (Op. 12, No. 7.) 16
   Album Leaf – Albumblatt – Feuille d'Album

8. **Fedrelandssang** (Op. 12, No. 8.) 18
   National Song – Vaterländisches Lied – Chant national

9. **Berceuse** (Op. 38, No. 1.) 19

10. **Folkevise** (Op. 38, No. 2.) 22
    Folksong – Volksweise – Mélodie populaire

11. **Melodie** (Op. 38, No. 3.) 24

12. **Halling** (Op. 38, No. 4.) 26
    Norwegian Dance – Norwegischer Tanz – Danse norwégienne

13. **Springdans** (Op. 38, No. 5.) 28
    Norwegian Dance – Springtanz – Danse norwégienne

14. **Elegie** (Op. 38, No. 6.) 30

15. **Valse** (Op. 38, No. 7.) 32

16. **Kanon** (Op. 38, No. 8.) 34

17. **Sommerfugl** (Op. 43, No. 1.) 36
    Butterfly – Schmetterling – Papillon

18. **Ensom vandrer** (Op. 43., No. 2.) 40
    Solitary Traveller – Einsamer Wanderer – Voyageur solitaire

19. **I Hjemmet** (Op. 43, No. 3.) 42
    In my Native Country – In der Heimat – Dans mon pays

20. **Liten fugl** (Op. 43, No. 4.) 44
    Little Bird – Vöglein – Oisillon

21. **Erotik** (Op. 43, No. 5.) 46

22. **Til våren** (Op. 43, No. 6.) 48
    To Spring – An den Frühling – Au printemps

K 106

23. **Valse-Impromptu** (Op. 47, No. 1.) **52**

24. **Stambogsblad** (Op. 47, No. 2.) **57**
    Album Leaf – Albumblatt – Feuille d'Album

25. **Melodie** (Op. 47, No. 3.) **61**

26. **Halling** (Op. 47, No. 4.) **65**
    Norwegian Dance – Norwegischer Tanz – Danse norvégienne

27. **Melancholie** (Op. 47, No. 5.) **66**

28. **Springdans** (Op. 47, No. 6.) **68**
    Norwegian Dance – Springtanz – Danse norvégienne

29. **Elegie** (Op. 47, No. 7.) **70**

30. **Gjetergut** (Op. 54, No. 1.) **72**
    Shepherd's Boy – Hirtenknabe – Garçon vacher

31. **Gangar** (Op. 54, No. 2.) **74**
    Norwegian March – Norwegischer Bauernmarsch – Marche norvégienne

32. **Trolltog** (Op. 54, No. 3.) **78**
    March of the Dwarfs – Zug der Zwerge – Marche des nains

33. **Notturno** (Op. 54, No. 4.) **84**

34. **Scherzo** (Op. 54, No. 5.) **88**

35. **Klokkeklang** (Op. 54, No. 6.) **92**
    Bell Ringing – Glockengeläute – Son des cloches

36. **Svunne dager** (Op. 57, No. 1.) **94**
    Vanished Days – Entschwundene Tage – Jours écoulés

37. **Gade** (Op. 57, No. 2.) **98**

38. **Illusion** (Op. 57, No. 3.) **101**

39. **Hemmelighet** (Op. 57, No. 4.) **104**
    Secret – Geheimnis – Mystère

40. **Hun danser** (Op. 57, No. 5.) **108**
    She Dances – Sie tanzt – Elle danse

41. **Hjemve** (Op. 57, No. 6.) **113**
    Homesickness – Heimweh – Mal du pays

42. **Sylfide** (Op. 62, No. 1.) **117**

43. **Takk** (Op. 62, No. 2.) **120**
    Gratitude – Dank – Gratitude

44. **Fransk serenade** (Op. 62, No. 3.) **123**
    French Serenade – Französische Serenade – Sérénade française

45. **Bekken** (Op. 62, No. 4.) **126**
    Brooklet – Bächlein – Ruisseau

46. **Drømmesyn** (Op. 62, No. 5.) **130**
   Phantom – Traumgesicht – Vision

47. **Hjemad** (Op. 62, No. 6.) **132**
   Homeward – Heimwärts – Vers la patrie

48. **Fra ungdomsdagene** (Op. 65, No. 1.) **137**
   From Early Years – Aus jungen Tagen – De la jeunesse

49. **Bondens sang** (Op. 65, No. 2.) **143**
   Peasant's Song – Lied des Bauern – Chant du paysan

50. **Tungsinn** (Op. 65, No. 3.) **144**
   Melancholy – Schwermut – Mélancolie

51. **Salon** (Op. 65, No. 4.) **147**

52. **I balladetone** (Op. 65, No. 5.) **150**
   Ballad – In Balladenton – Ballade

53. **Bryllupsdag på Troldhaugen** (Op. 65, No. 6.) **152**
   Wedding-day at Troldhaugen – Hochzeitstag auf Troldhaugen – Jour de noces au Troldhaugen

54. **Matrosenes oppsang** (Op. 68, No. 1.) **162**
   Sailors' Song – Matrosenlied – Chant des matelots

55. **Bestemors menuett** (Op. 68, No. 2.) **164**
   Grandmother's Minuet – Großmutters Menuett – Menuet de la grand'mère

56. **For dine føtter** (Op. 68, No. 3.) **166**
   At your Feet – Zu deinen Füßen – A tes pieds

57. **Aften på høyfjellet** (Op. 68, No. 4.) **170**
   Evening in the Mountains – Abend im Hochgebirge – Soir dans les montagnes

58. **Bådnlåt** (Op. 68, No. 5.) **172**
   At the Cradle – An der Wiege – Au berceau

59. **Valse méloncolique** (Op. 68, No. 6.) **174**

60. **Det var engang** (Op. 71, No. 1.) **181**
   Once upon a Time – Es war einmal – Il y avait une fois

61. **Sommeraften** (Op. 71, No. 2.) **185**
   Summer's Eve – Sommerabend – Soir d'été

62. **Småtroll** (Op. 71, No. 3.) **187**
   Puck – Kobold – Lutin

63. **Skogstillhet** (Op. 71, No. 4.) **189**
   Peace of the Woods – Waldesstille – Repos de forêt

64. **Halling** (Op. 71, No. 5.) **193**
   Norwegian Dance – Norwegischer Tanz – Danse norvégienne

65. **Forbi** (Op. 71, No. 6.) **197**
   Gone – Vorüber – Passé

66. **Efterklang** (Op. 71, No. 7.) **198**
   Remembrances – Nachklänge – Souvenirs

Arietta

Poco andante e sostenuto

Op. 12, No. 1.

Valse

Op. 12, No. 2.

Vektersang
Watchman's Song – Wächterlied – Chant du gardien

Alfedans

Fairy Dance – Elfentanz – Danse des sylphes

Folkevise

Folksong – Volksweise – Mélodie populaire

Norsk
Norwegian – Norwegisch – Mélodie norwégienne

Op. 12, No. 6.

Stambogsblad
Album Leaf – Albumblatt – Feuille d'Album

Fedrelandssang
National Song – Vaterländisches Lied – Chant national

Op. 12, No. 8.

Berceuse

Folkevise
Folksong – Volksweise – Mélodie populaire

Op. 38, No. 2.

Melodie

Op. 38, No. 3.

Halling
Norwegian Dance – Norwegischer Tanz – Danse norwégienne

Springdans
Norwegian Dance – Springtanz – Danse norwégienne

Op. 38, No. 5.

Elegie

Op. 38, No. 6.

Valse

Sommerfugl
Butterfly – Schmetterling – Papillon

Ensom vandrer
Solitary Traveller – Einsamer Wanderer – Voyageur solitaire

Op. 43, No. 2.

I hjemmet
In my Native Country – In der Heimat – Dans mon pays

Op. 43, No. 3.

Liten fugl
Little Bird – Vöglein – Oisillon

Op. 43, No. 4.

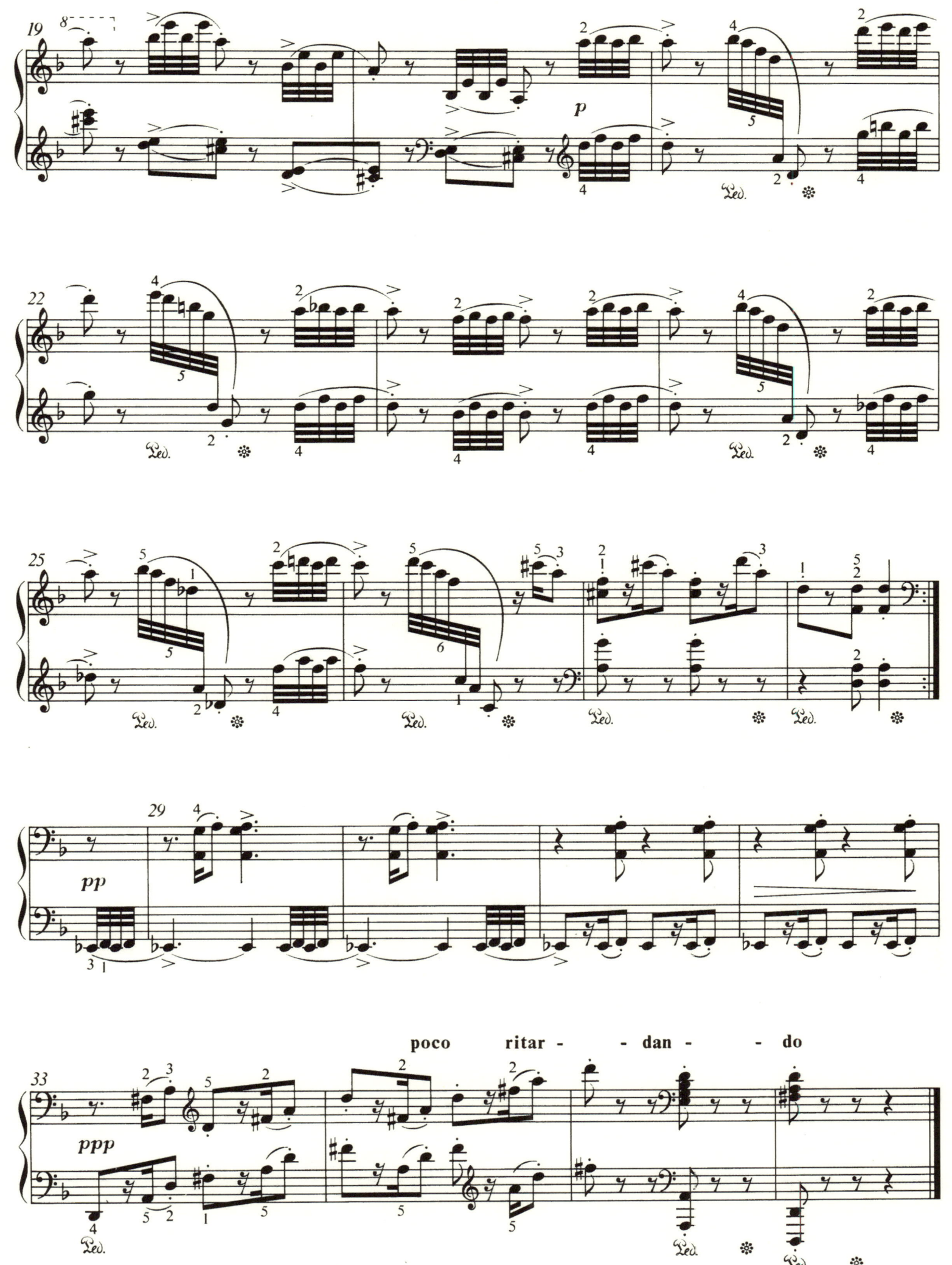

Erotik

Op. 43, No. 5.

Til våren

To Spring – An den Frühling – Au printemps

Op. 43, No. 6.

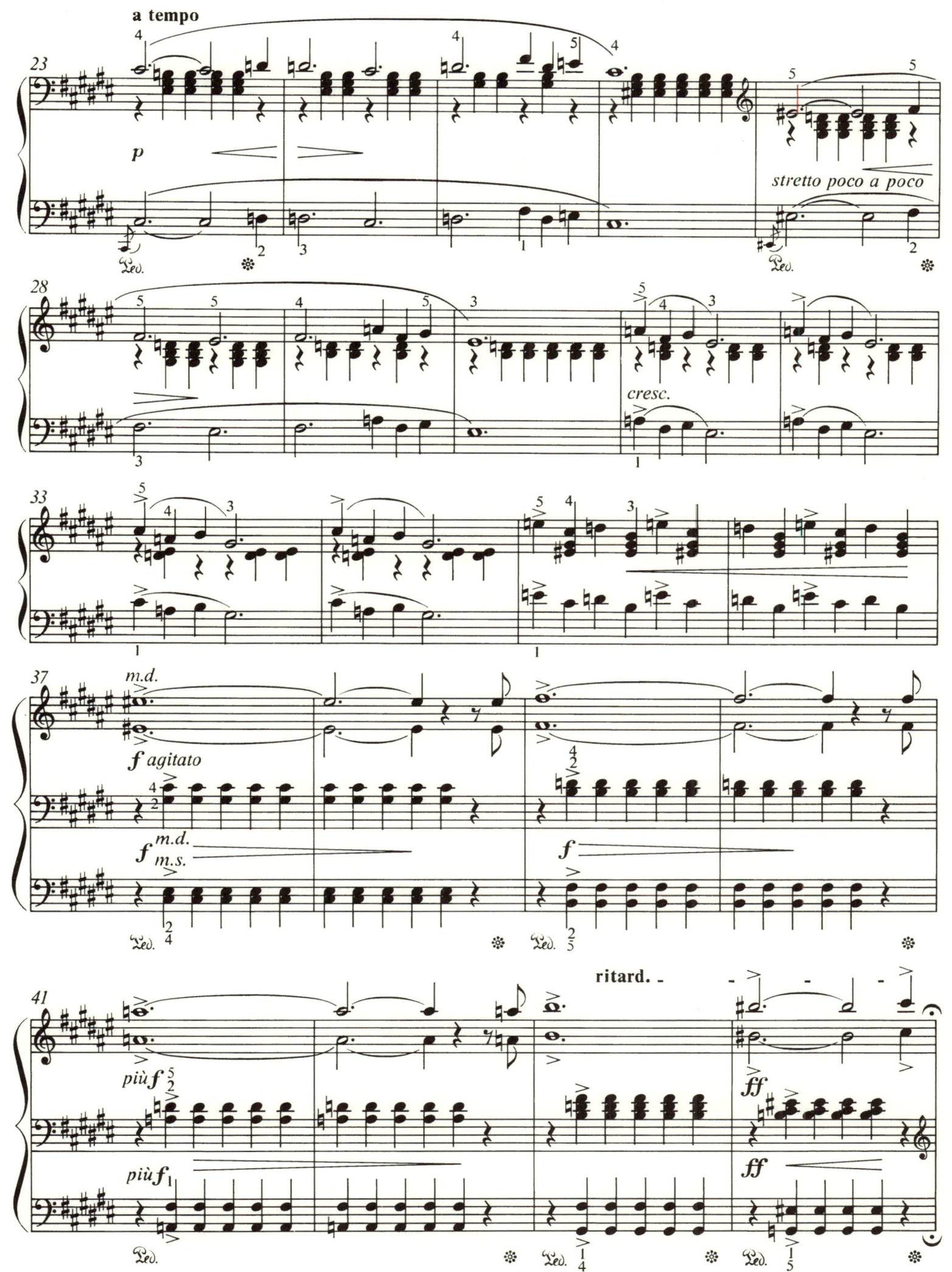

Valse-Impromptu

Op. 47, No. 1.

Stambogsblad
Album Leaf – Albumblatt – Feuille d'Album

Allegro vivace e grazioso

Op. 47, No. 2.

Melodie

Op. 47, No. 3.

Halling
Norwegian Dance – Norwegischer Tanz – Danse norvégienne

Op. 47, No. 4.

Melancholie

Op. 47, No. 5.

Springdans
Norwegian Dance – Springtanz – Danse norwégienne

Op. 47, No. 6.

Elegie

Op. 47, No. 7.

Gjetergut
Shepherd's Boy – Hirtenknabe – Garçon vacher

Gangar
Norwegian March – Norwegischer Bauernmarsch – Marche norvégienne

Op. 54, No. 2.

Trolltog
March of the Dwarfs – Zug der Zwerge – Marche des nains

Op. 54, No. 3.

Notturno

Op. 54, No. 4.

Scherzo

Op. 54, No. 5.

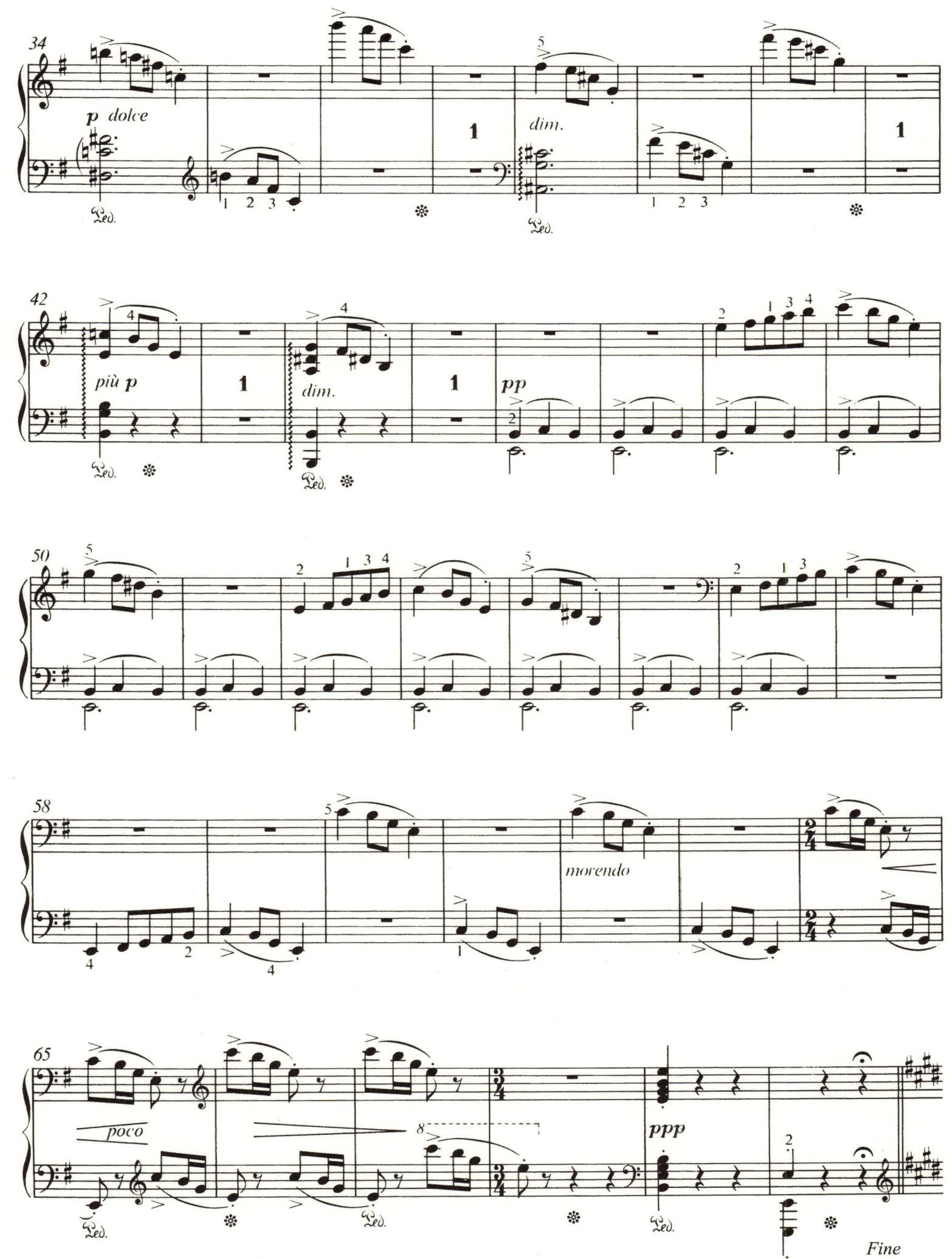

Klokkeklang

Bell Ringing – Glockengeläute – Son des cloches

Op. 54, No. 6.

Svunne dager
Vanished Days – Entschwundene Tage – Jours écoulés

Op. 57, No. 1.

36.

Gade

Illusion

Op. 57, No. 3.

Hemmelighet
Secret – Geheimnis – Mystère

Op. 57, No. 4.

104

K 106

Hun danser
She Dances – Sie tanzt – Elle danse

Op. 57, No. 5.

Hjemve
Home-sickness – Heimweh – Mal du pays

Op. 57, No. 6.

41. Andante

Sylfide

Op. 62, No. 1.

Takk
Gratitude – Dank – Gratitude

Op. 62, No. 2.

Fransk serenade

French Serenade – Französische Serenade – Sérénade française

Op. 62, No. 3.

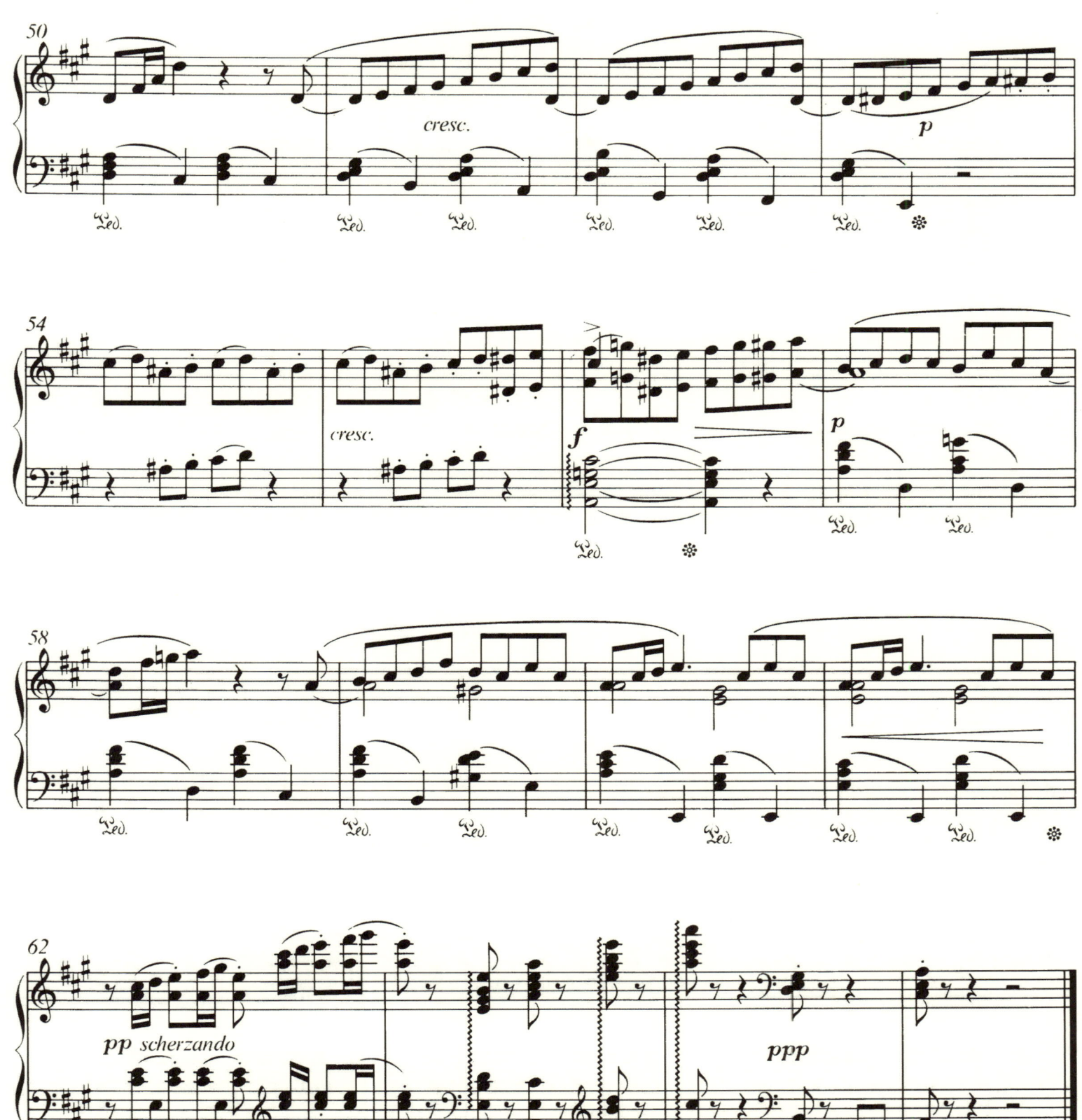

Bekken
Brooklet – Bächlein – Ruisseau

Op. 62, No. 4.

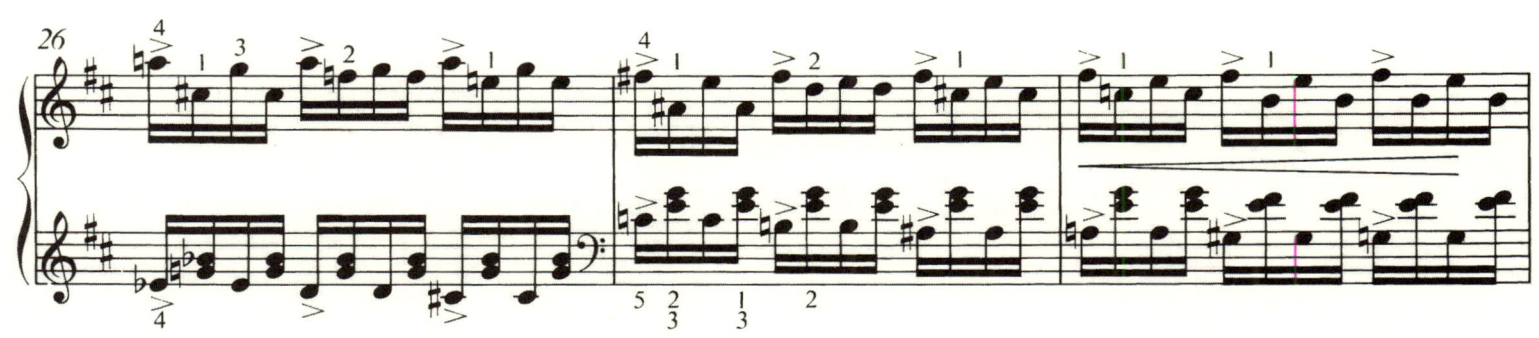

K 106

Drømmesyn
Phantom – Traumgesicht – Vision

Op. 62, No. 5.

Hjemad
Homeward – Heimwärts – Vers la patrie

Op. 62, No. 6.

132

K 106

Fra ungdomsdagene
From Early Years – Aus jungen Tagen – De la jeunesse

Bondens sang
Peasant's Song – Lied des Bauern – Chant du paysan

Op. 65, No. 2.

Tungsinn
Melancholy – Schwermut – Mélancolie

Op. 65, No. 3.

Salon

Allegretto con grazia

Op. 65, No. 4.

I balladetone
Ballad – Im Balladenton – Ballade

Op. 65, No. 5.

Bryllupsdag på Troldhaugen

Wedding-day at Troldhaugen – Hochzeitstag auf Troldhaugen –
Jour de noces au Troldhaugen

Op. 65, No. 6.

Tempo di Marcia (un poco vivace)

152 K 106

Matrosenes oppsang
Sailors' Song – Matrosenlied – Chant des matelots

Op. 68, No. 1.

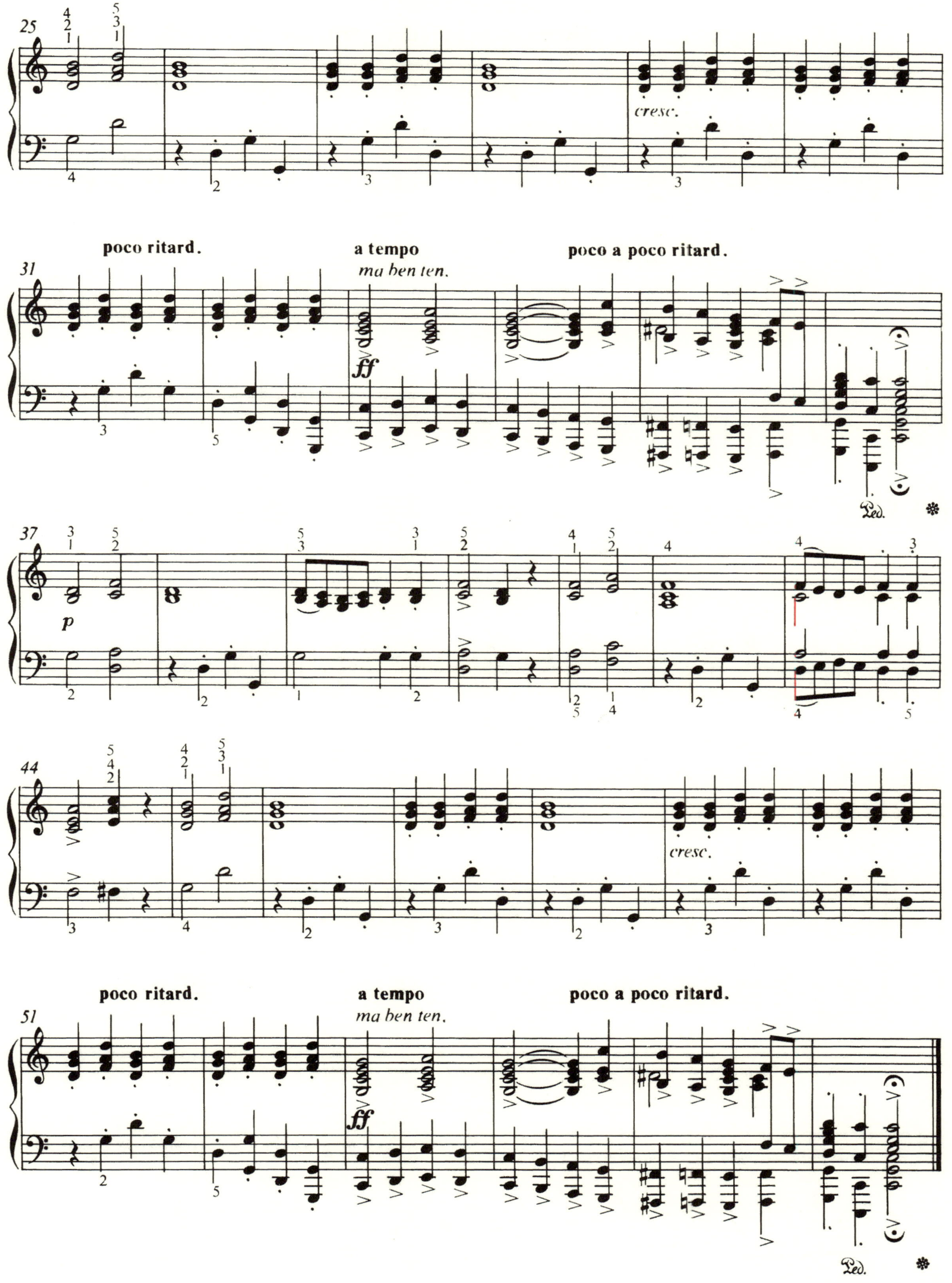
25
cresc.
31
poco ritard.
a tempo
ma ben ten.
poco a poco ritard.
ff
Ped.
37
p
44
cresc.
51
poco ritard.
a tempo
ma ben ten.
poco a poco ritard.
ff
Ped.

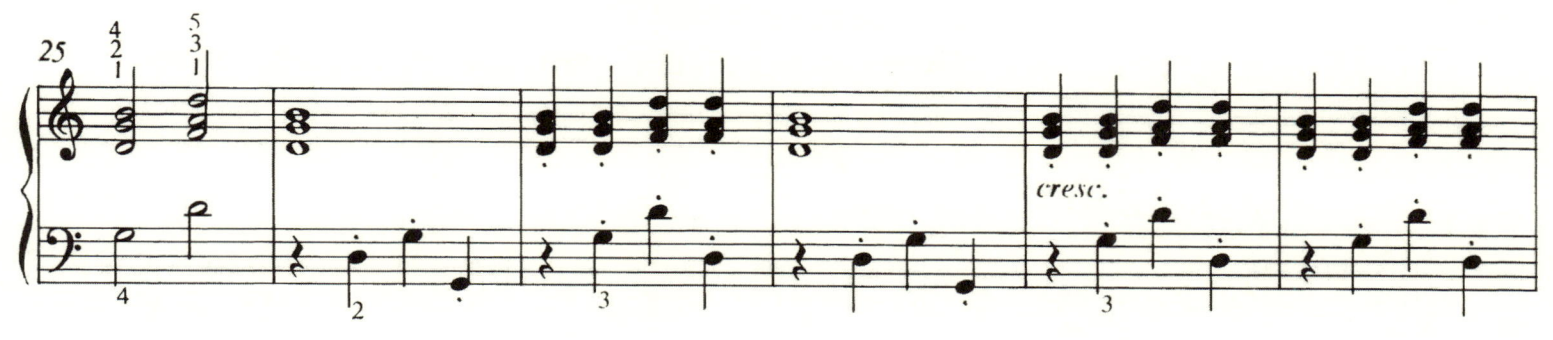

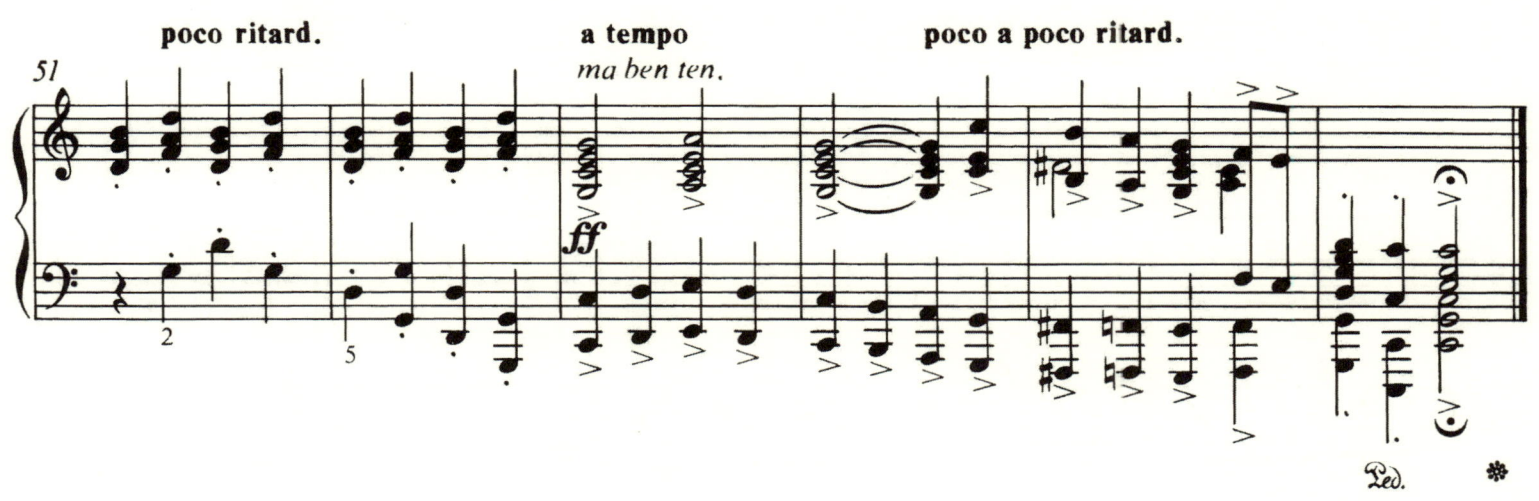

Bestemors menuett
Grandmother's Minuet – Großmutters Menuett – Menuet de la grand'mère

For dine føtter
At your Feet – Zu deinen Füßen – A tes pieds

Poco andante e molto espressivo

Op. 68, No. 3.

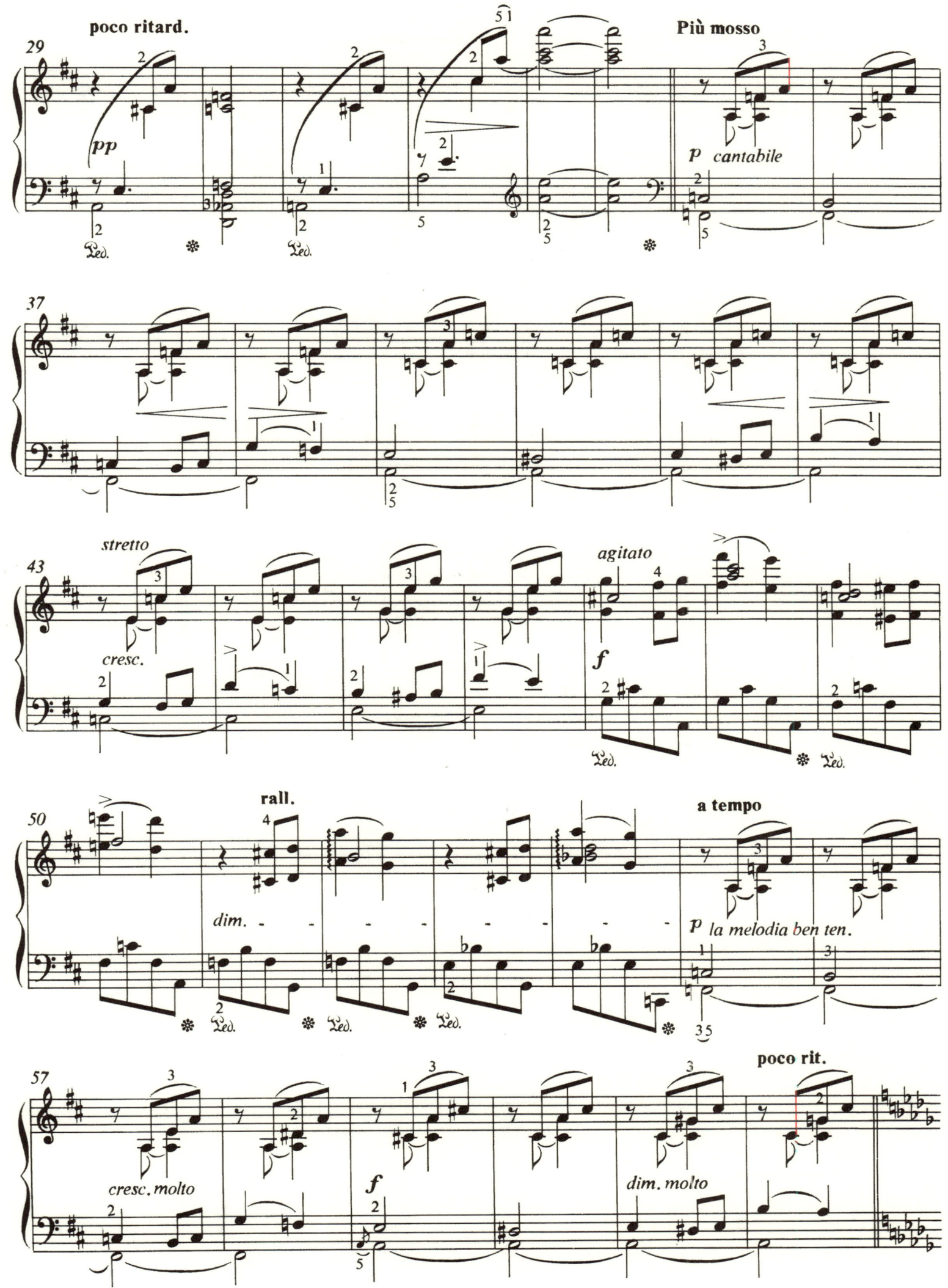

Aften på høyfjellet
Evening in the Mountains – Abend im Hochgebirge – Soir dans les montagnes

Bådnlåt
At the Cradle – An der Wiege – Au berceau

Op. 68, No. 5.

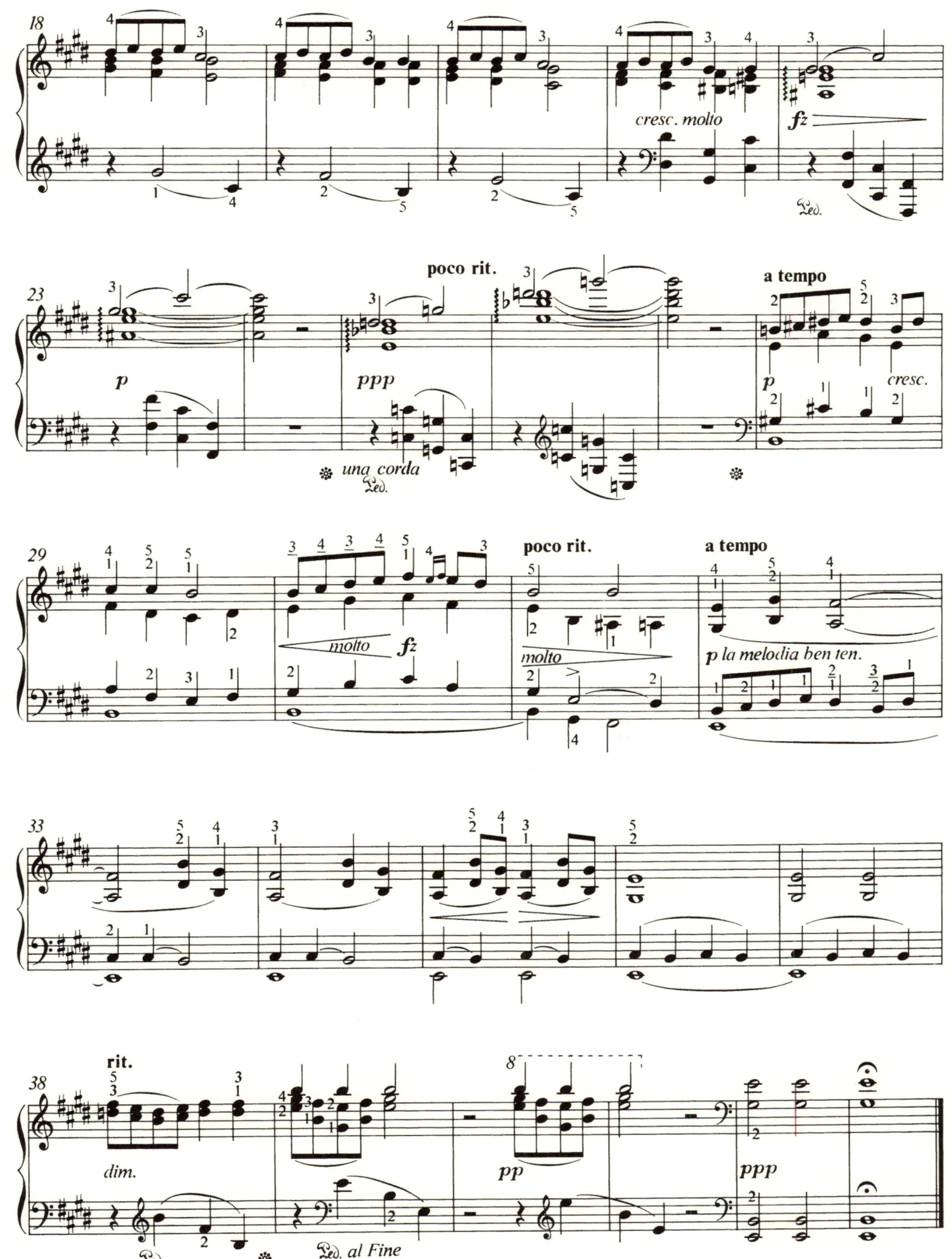

Valse mélancolique

Op. 68, No. 6.

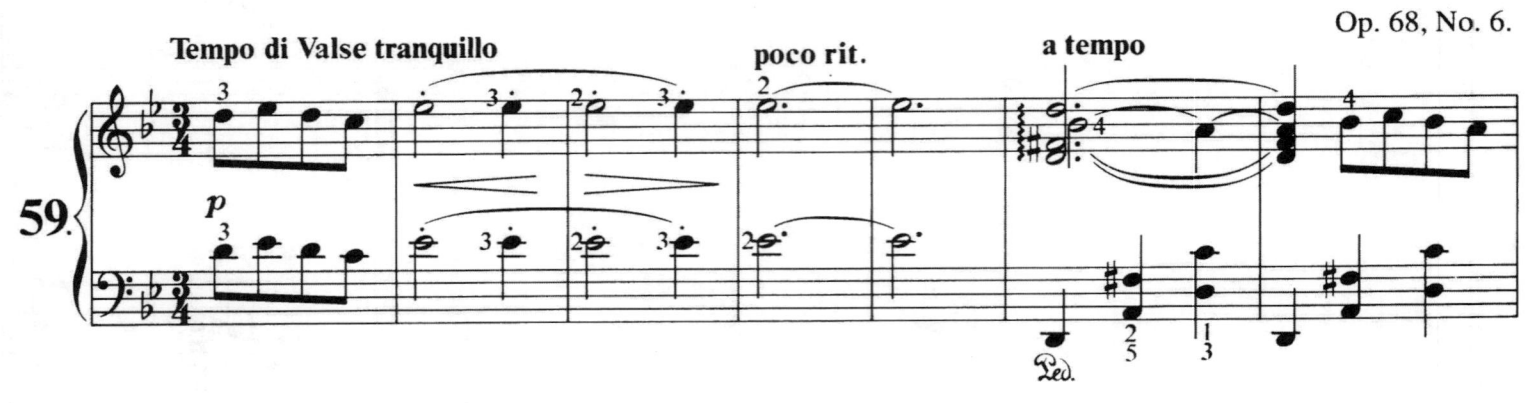

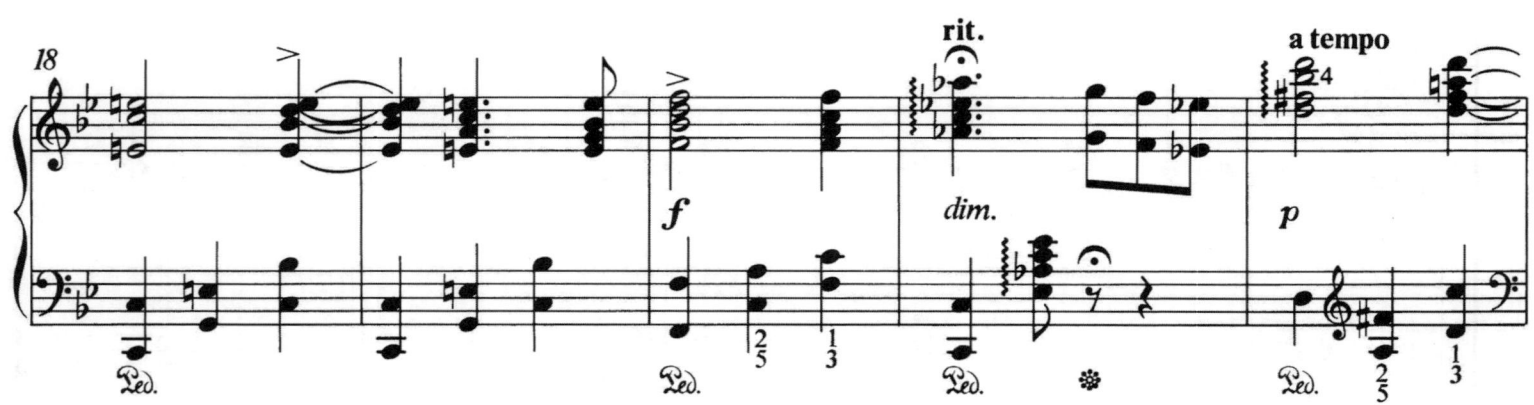

Det var engang
Once upon a Time – Es war einmal – Il y avait une fois

Andante con moto, ♩=63
Im schwedischen Volkston

Op. 71, No. 1.

Sommeraften
Summer's Eve – Sommerabend – Soir d'été

Småtroll
Puck – Kobold – Lutin

Op. 71, No. 3.

Skogstillhet
Peace of the Woods – Waldesstille – Repos de forêt

Op. 71, No. 4.

Halling
Norwegian Dance – Norwegischer Tanz – Danse norwégienne

In Memoriam
Forbi
Gone – Vorüber – Passé

Op. 71, No. 6.

Efterklang
Remembrances – Nachklänge – Souvenirs

Op. 71, No. 7.

MUSICA PIANO

OVER 25.000 PAGES OF PIANO MUSIC SHEETS ONLINE

Bach, Beethoven, Brahms, Chopin, Czerny, Debussy, Gershwin, Dvořák, Grieg, Haydn, Joplin, Lyadov, Mendelssohn-Bartholdy, Mozart, Mussorgsky, Purcell, Schubert, Schumann, Scriabin, Tchaikovsky and many more

K 106

KÖNEMANN

© 2018 koenemann.com GmbH
www.koenemann.com

Editor: Thomas Aßmus & Tamás Zászkaliczky
Responsible co-editor: István Máriássy
Technical editor: Dezső Varga
Engraved by Kottamester Bt., Budapest

Critical notes available on www.frechmann.com

ISBN 978-3-7419-1473-7

Printed in China by Reliance Printing